www.ingramcontent.com/pod-product-compliance
Lightning Source LLC
Chambersburg PA
CBHW040025050426
42452CB00003B/140

هر روز که بزرگتر میشم

بیشتر میفهمم که مامان و بابا

چقدر من را دوست دارند

اینطور بنظر میرسه

که هر کاری هم که بکنم

هنوز هم مامان و بابا من را خیلی خیلی دوست دارند

حتی وقتی صبح خیلی زود سرد و تاریک
از خواب بیدار میشم
و میخوام بازی کنم
ولی همه هنوز خسته هستن و خوابیدن

بابا و مامان هنوز هم من را دوست دارند

گاهی وقتها ظرفها را از کابینت آشپز خانه در میارم

و روی زمین می ریزم و همه جا را شلوغ میکنم

تا با ظرفها بازی کنم و موسیقی بزنم

هنوز هم مامان و بابا من را دوست دارند

و اگر موقع خوردن ماکارونی یا نیمرو

سس یا تخم مرغ را به همه جا میپاشم

روی زمین ، سر و صورت و روی لباسهام

وهمه جا کثیف میشه

هنوز هم مامان و بابا من را دوست دارند

حتی وقتی با کارهای بچه گانه و خطرناک
مثل بالا رفتن از صندلی و میز و جعبه
مامان و بابا رو میترسونم یا نگران میکنم

هنوز هم مامان و بابا من را دوست دارند

مامان و بابا اونقدر من را دوست دارند که

برای عوض کردن پوشک من

ما یک شعر مخصوص میخونیم

(با آهنگ)

یک پوشک تمیزه

برای (اسم بچه) که عزیزه

چون خیلی عزیزه

پوشک نو میپوشه

(تکرار تا آخر عوض کردن پوشک)

وقتی که مامان و بابا
دارن از خونه میرن بیرون

و عجله دارن
که سر وقت برسن

اگر همون موقع
من باید برم دستشویی

هنوز هم مامان و بابا
من را دوست دارند

وقتی همه چیز را به هر طرف میکشم

صندلی، جعبه و سبد رختها را همه جا میبرم

و لباسها را پخش میکنم

حتی اونوقت هم مامان و بابا من را دوست دارند

مامان و بابا اونقدر منو دوست دارند

که موقع پوشیدن جوراب و کفش

ما یک شعر مخصوص میخونیم

(با آهنگ)

جوراب پا میکنیم

روی پاهای

خوشگل

کوچولوی

[اسم من] خوشگل

کفش پا میکنیم

روی پاهای

خوشگل

کوچولوی

[اسم من] خوشگل

حتی مواقعی که من خواهش و تمنا میکنم

که بریم یک محل بازی دور

و تا همه حاضر می شیم ومیرسیم اونجا

من دیگه نمی خوام بازی کنم

و می خوام برگردم خونه

هنوز هم مامان و بابا من را دوست دارند

و وقتی میخوام به مامان کمک کنم

وتلفن دستی گرونش را براش بیارم

و یک دفعه وسط راه از دستم میافته زمین

هنوز هم مامان و بابا من را دوست دارند

حتی وقتی میرم سر سطل زباله
که دنبال چیزی بگردم
و زمین را کثیف و پر از آشغال میکنم

هنوز هم مامان و بابا من را دوست دارند.

و وقتی من همه سیدی و دی وی دی ها را

از جاشون در می ارم

وهمه جا و حتی زیر تخت پخش و پلآ میکنم

هنوز هم مامان و بابا من را دوست دارند

و وقتی من باید برم بخوابم

و در عوض روی تخت بالا و پایین میپرم

وبعدش تازه شیر یا آب میخوام بخورم

هنوز هم مامان و بابا من را دوست دارند .

بهر حال

مامان و بابا میدونن که

یک روز من هم

بچه دار میشم

و بچه های من هم

همین کارها را

با من میکنن

دقیقاً همین کارهایی که من کردم

www.ingramcontent.com/pod-product-compliance
Lightning Source LLC
Chambersburg PA
CBHW040025050426
42452CB00003B/139